BEI GRIN MACHT SICH IHR WISSEN BEZAHLT

Ramona Schilling

Heinrich Heine in den Jahren der Umsiedlung nach Paris

Skript

GRIN Verlag

Bibliografische Information der Deutschen Nationalbibliothek:

Die Deutsche Bibliothek verzeichnet diese Publikation in der Deutschen National-
bibliografie; detaillierte bibliografische Daten sind im Internet über http://dnb.d-
nb.de/ abrufbar.

Impressum:

Copyright © 2011 GRIN Verlag GmbH
Druck und Bindung: Books on Demand GmbH, Norderstedt Germany
ISBN: 978-3-656-71698-3

Dieses Buch bei GRIN:

http://www.grin.com/de/e-book/278626/heinrich-heine-in-den-jahren-der-umsied-
lung-nach-paris

GRIN - Your knowledge has value

Der GRIN Verlag publiziert seit 1998 wissenschaftliche Arbeiten von Studenten, Hochschullehrern und anderen Akademikern als eBook und gedrucktes Buch. Die Verlagswebsite www.grin.com ist die ideale Plattform zur Veröffentlichung von Hausarbeiten, Abschlussarbeiten, wissenschaftlichen Aufsätzen, Dissertationen und Fachbüchern.

Besuchen Sie uns im Internet:

http://www.grin.com/

http://www.facebook.com/grincom

http://www.twitter.com/grin_com

Heinrich Heine nach der Juli-Revolution von 1830 und das komische Versepos „Atta Troll" (1841/42)

Das Jahr 1830
- Revolutionärer Aufstand von Pariser Arbeiter und Studenten gegen das absolute Königtum und Sieg über die Truppen Karls X.
- Louis-Philippe wird König → konstitutionelle Monarchie → Monarch herrscht nicht mehr absolut, willkürlich sondern ist an Verfassung gebunden, muss Ausgleich mit dem Parlament suchen
- Aufstände in Brüssel, Belgien, Aachen → in Deutschland herrschen aber weiterhin die absoluten Fürsten
- Beginn des polnischen Aufstandes → Polen gerät unter russische Verwaltung → viele polnische Emigranten in Paris (Chopin)

Heines Übersiedlung nach Paris
- 1831: Heine reist von Hamburg nach Paris
- Erste Bekanntschaften: Chopin, Liszt, Gautier → viele Musiker
- Heine ist regelmäßig Gast im Salon der italienischen Emigrantin Maria Cristina, → viele Salons zu dieser Zeit → Privaträume → einmal in der Woche alle Freunde da zum Diskutieren über Politik u.a. → man aß und trank zusammen → lange Tradition in Frankreich (17. Jhd.) → in Salons werden Revolutionen geplant (gibt es auch in Berlin)

Honoré Daumier (1808 – 1879): Maler, Zeichner und Chronist seines Zeitalters
- Übte Zeit- und Sozialkritik
- Schon Leonardo da Vinci (1452 – 1519) → hat Karikaturen gezeichnet
- Körperzüge werden bei einer Karikatur übertrieben
- Physiognomie → jeder Mensch tendiert zu einem Tier in seinem Aussehen oder Verhalten

„Atta Toll. Ein Sommernachtstraum" (1841/1842): Politik und Kunst
- Verbot des Drucks und der Verbreitung seiner Schriften in Deutschland
- Kritik von republikanischer Seite an Heines Absolutsetzung der Kunst
- Schwer zu interpretieren, da es viele unterschiedliche Standpunkte gibt
- In Werken oft exotische Welten
  - ➤ fantastische, fremde Welten außerhalb Europas
  - ➤ zeigt seine Fremderfahrungen innerhalb Europas, Heines Erfahrungen in Paris
- in der „Zeitschrift für elegante Welt" von Heinrich Laube mit starker Vorzensur veröffentlicht
- Atta Troll ist ein „komisches Versepos"
- Bär ist eine Art „braver Bürger" mit kommunistischer Tendenz
  - ➤ Steht für Gleichheit, fördert sie
  - ➤ Talent darf niemals auf Mittelmaß herabgesetzt werden, Kritik der Tendenz zur Mittelmäßigkeit

- Kuss, Freiheit und Kunst um ihrer selbst Willen
- Erzähler trifft in einer Hexenhütte ein, alles Gestalten, die im Lebensgenuss ihre Erfüllung fanden → König Arthus, William Shakespeare, Goethe (Jagdlust)
- Sätze aus Dichterschulen seiner Zeit, v.a. schwäbische → Uhland und andere schwäbische Dichter werden in dieser „Hexenszene" verspottet → verbreiten nach Heine eine prüde Tugendlehre → es geht ihnen nicht um Freiheit, sie ignorieren gesellschaftliche Spannungen und schreiben nur über Wald, Wiese und Heimat
- Das Begräbnis des Bären und der Einzug in die Walhalla → Grabinschrift: Talent gegen Charakter, Bär hat Charakter aber kein Talent

Vorrede: Deutung:

- l'art-pour-l'art-Prinzip (Kunst muss nicht der Gesellschaftskritik dienen)
- gegen die „Tendenzpoesie" (Freiligrath, Herwegh, Gutzkow)
- entweder Leute mit Charakter aber schlechte Musiker/Dichter oder umgekehrt → für Heine war Talent (Genie) wichtiger als Charakter → Verhältnis von Talent und Charakter
- Kunst soll von allen Zwecken und Tendenzen frei bleiben → ohne eine solche Kunst wäre es für Heine eine nicht lebenswerte Gesellschaft
- Gesellschaft als Lebensfest zu der die Kunst gehört
- Polemik gegen Mittelmäßigkeit
- Einerseits Kritik an Kommunismus, andererseits am frühen Kapitalismus → Finanzbürgertum
- Emanzipation und Befreiung der ganzen Welt (nicht nur des deutschen Volkes)

Ist kein nützlich tugendhafter
Karrengaul des Bürgertums,
Noch ein Schlachtpferd der Parteiwut,
Das pathetisch stampft und wiehert!

→ Pegasus als Zeichen für die „Kunst um der Kunst willen"

Reflexion über eigene Poetik, Poetik der Romantik

- Im Schlusskapitel: Stellung des Feingeistes in der Gesellschaft „Ach es (Atta Troll) ist vielleicht das letzte freie Waldlied der Romantik"
- Nimmt stoffliche Anregungen der Romantik an
- Atta Troll hat balladenhaften Charakter
- Dialektik von Nähe von Ferne zur Romantik im Herzen des Gesamtwerks: „alter Grundton" – „moderner Thriller"

St. Simonismus

- Saint-Simone: frz. Gelehrter im 19. Jhd., vertrat Modell eines pantheistisch gefärbten Sozialismus
- Heine bewegt sich in Kreisen der Zeitschrift „Europe litéraire" (Victor Bohain)
- Heine beschäftigt sich mit Kunst, Lektüre der „Manessischen Liederhandschrift" in der Pariser königlichen Bibliothek, Minnesang

Zur Geschichte der Religion und Philosophie in Deutschland (1834)

- Möchte dem Deutschlandbild der Germaine de Stael (romantisch geprägtes Bild) entgegenwirken → Erwiderung auf ihr Buch
- An französisches Publikum gerichtet
- Heines Geschichte als Teil eines geplanten Deutschlandbuchs →zusammen mit „die romantische Schule"

Sein Stil

- Sprunghafter Themenwechsel
- Anekdoten/Digressionen
- Parodie, Persiflage
- Eine Art „fantastische Symphonie" → Analogie zur Musik, zur Tonart

Deutung

- Christentum hat vieles geleistet für Menschheit z.B. Tröstung, gleiches Gefühl und gleiche Sprache → Christentum hat unseren Erfahrungshorizont wesentlich bereichert laut Heine
- Heine verneint Christentum nicht und ist kein Kritiker, fragt nach der Rolle des Christentums → Zivilisationsgeschichte
- Grundgedanke: „Zwei-Prinzipienlehre"
  - „der gute Christus" – „der böse Satan"
  - „Welt des Geistes" – „Welt der Materie"

→ kein Gegensatz zwischen Spiritualismus und Materialismus wenn Gott überall ist

→ Christentum ist als „Idee" unsterblich, im Kern manichäistisch/gnostisch

„Religion der Freude"

- Eine Art Umkehrung dieser christlichen Ideologie (Vertröstung der Frommen aufs Jenseits)
- Interpretiert Christentum neu im Sinne einer irdischen Glückseligkeitstheorie
- Pantheismus: Vorstellung, dass alles Gott ist, Vorstellung einer Allgottheit

- Für Heine, da früher vor allem bei den Heiden der Glaube an den Pantheismus stark war
  - Heidnischer Rest im Christentum
  - Heidnische Götter leben weiter in verborgener Gestalt
  - Heidnische Götter auch in der Kunst

→ heidnische Mythologie als politische Allegorie

Luther

- Denkfreiheit
- Akademische Freiheit
- Luther schuf die deutsche Sprache → Bibelübersetzungen als Grundlage einer deutschen Literatur
- Einheitliche deutsche Schriftsprache
- Begründer der deutschen Literatur
- Modell einer neuen revolutionären Synthese: Geist und Materie
- Kritischer Blick Heines auf Luther: Luther war gut für seine Zeit, aber ist stehengeblieben, Luthertum um 1830 Staatskirchentum in Preußen

Spinoza

- für Heine Märtyrer der Freiheit und Vernunft
- Spinoza wird für Heine wie eine Art Heiland
- Luther. Spinoza und Napoleon als Christengestalten
- Wirkung Spinozas auf Revolutionierung der Menschheit
  - Es geht nicht um Vernichtung des Geistes
  - Soziale Missstände müssen beseitigt werden
  - S. 68 „Wir kämpfen nicht für die Menschenrechte des Volkes, sondern für die Gottesrechte des Menschen"
  - Heine kritisiert Enthaltsamkeit der Republikaner, für ihn Lebensgenüsse wichtig, soll in Republik, die er sich herbeisehnt möglich sein → das Leben als Lebensfest → Senusalismus

3 Schritte zur Revolution in Deutschland

- Napoleons Werk blieb unvollendet, es braucht dritten Mann um Deutschland vom Absolutismus zu befreien
- Drittes Buch:
  - 3-Schritte zur politischen Revolution wird nochmals resümiert
  - Religiös: Luther
  - Philosophisch: Spinoza, Lessing
  - Politisch: dritter Mann

Französische Zustände (1831/32)

- Berichterstattung aus Frankreich für ein deutsches Publikum → macht erheblichen Teil seines Gesamtwerkes aus
- Sind Tagesberichte, teilweise auf bestimmte Tage datiert
- Bedingungen unter denen Heine schreibt:
  - Juni/Juli 1832: Bundestagsbeschlüsse (6 Artikel, und Maßregeln)
  - Keine Hoffnung auf Abschaffung des Absolutismus
  - Unterdrückung der Liberalisierungsbestrebungen der Landstände
  - Scharfe Zensur
- Mittelbare Folge sind Bundestagsbeschlüsse vom 10./11. 12. 1835
  - Ächtung des „Jungen Deutschlands" (Vormärz-Literatur: Gutzkow, Heine, Laube, Mundt)
  - Verbot sämtlicher Schriften Heines in Preußen

Themenfelder

- Motto : Vive la France ! Quand même » → in Frankreich ist es besser, wenn auch noch nicht perfekt
- Berichte über politisches, gesellschaftliches Leben in Paris
- Europäisches Staatensystem (Frankreich – England)
- Entwicklung des politischen Parteiensystems in Europa
- Wirtschaft und Gesellschaft (Börse)
- Gesundheit und Gesellschaft (Cholera-Epidemie in Paris 1832)

Deutung

- Heine geht es um einen gesamteuropäischen Staat, nicht um Einigung Deutschlands
- Polemik gegen Aristokratie
- Heine ist gegen:
  - Metternich: Feind der Freiheit → Preußen/Österreich als absolute Mächte
  - Hegel: verteidigt Absolutismus
  - Schleiermacher: verteidigt Christentum
- Preußen ist für Heine auch gefährlich wegen seiner Expansionspolitik
- Der verhüllte Mann in Harlekinstracht vermummt → Hoffnung auf den dritten Mann

Die unvollendete Neuordnung Europas

- Napoleon muss als Wiedergänger auferstehen → „verhüllter Mann der Zeit"
- Jeder Revolutionär ist ein Wiedergänger Napoleons
- Napoleon als Gott, der Volk aus Elend zieht „*wie die Juden den Namen ihres Gottes nicht eitel aussprechen, so wird hier Napoleon selten bei seinem Namen genannt […]*"
- Napoleon-Mythos in Frankreich in 1830/40er Jahren: Napoleon als Heiland mit Heiligenschein

Heine schreib immer auf doppeltem Boden → wegen Zensur

1. Inhaltsebene: Sparta und Nordamerika als Modelle für Paris? **NEIN**
2. Argumentationsebene (Stil): Strategien der Dissimulation und Ironisierung
3. Bedeutungsebene I:Sparta und Preußen
   - Sportwahn in Preußen, erwachsen aus preußischem Militarismus
   - Preußen als modernes Sparta

→ Lehre vom mehrfachen Schriftsinn, es gibt mehre Ebenen eines Textes → wurde im Mittelalter v.a. auf Bibel angewandt

Heines Politischer Standpunkt?

- Immer wieder: die großen Interessen des europäischen Lebens ließe sich unter verschiedenen politischen Systemen verwirklichen → Wandelbarkeit seines Standpunkts
- Wendet sich gegen:
  - Radikale Republikaner (Anhänger Robespierres: Guillotinhumanie, Terrorismus 1793)
  - Karlisten (Anhänger der absoluten Monarchie Karls X.)
  - Andere Strömungen: Konstitutionelle Monarchie (Anhänger des Bürgerkriegs Louis-Phillipe)
  - Bonapartismus
  - Liberalismus

→ möchte gerne eine Monarchie mit Demokratie

→ Heines Standpunkt: „die großen Interessen des europäischen Lebens"

- Französische Zustände sind komparatistisch aufgebaut → Vergleiche der politischen Systeme → um bestimmte Probleme auf den Punkt zu bringen, um (revolutionären) gesellschaftlichen Umbau zu erreichen
- Beispiel: schottischer Parlamentsabgeordneter Joseph Hume (1777 – 1855) als „Gott der Freiheit" („nie hat mir ein Mensch mehr mißfallen") → Physiognomik: aus den Gesichtszügen soll das Wesen eines Menschen bestimmt werden → Physiognomie Humes wird ganz genau geschildert
- Erst schäbige Schilderung Humes, dann durch heldenhafte Tat → Umschwung der Beschreibung → Hume als „Gott der Freiheit"
- Heine bewundert die Verfassung England, da der König dadurch keine absolute Macht mehr hat

Heines politische Meinung

- Talent und Begabung der Menschen ist wesentlich für Heine (Hume hat schäbigen Charakter, aber besitzt großes freigeistiges Talent und lehnt sich gegen Königsherrschaft auf) → gegen die Kirche, Bischöfe und König, die sich gegen das Volk stellen

- Konstitution → gebundene und eingeschränkte Macht des Königs und des Adels
- Vergleich mit der Oper, theatermäßige Szene → Schlüsse für den deutschen Leser: Durchsetzung der Freiheit, einer Verfassung, Absetzung des Adels und Klerus, Macht von Adel und Klerus zu brechen
- Heine schätze die Lage realistisch ein → man solle nur das Erreichbare wünschen → glaubt, dass es einmal deutsche Republik geben wird, dass er sie aber nicht mehr erlebt

Französische Maler (1831)
- Kunst unter revolutionären Bedingungen

<u>Salon im Louvre 1831</u>
- erste Gemäldeausstellung nach der Juli-Revolution 1830
- Rolle der Künste im nach-absolutistischen Frankreich
  - Kunst im Dienst der adeligen Repräsentation
  - Kunst im Dienst der Revolution
  - Kunst um ihrer selbst willen („l'art pour l'art")
- Kunst und Kommerz: Auftraggeber (Mäzene) und Kunsthandel → bisher Auftraggeber reiche Adlige (Künstler ↔ Mäzen), hört auch 1830 nicht auf, wird aber weniger; Kunsthandel wird bedeutender mit der zunehmenden Macht des Bürgertums (bestellen keine Bilder, sondern schauen sich auf dem Kunstmarkt um und kaufen dann; Probleme für den Künstler → genauso wie Schriftsteller und Leser)

<u>Deutung</u>
- Kunst transportiert niemals bloß Inhalte, es geht um die Idee
- Idee wird veranschaulicht durch gottgegebene Mittel (=Symbole)
- Gottgegebene Mittel, durch Weltgeist inspiriert
- Symbole sollen auch Sinne erfreuen (l'art pour l'art); Kunstwerk soll auch für sich selbst schön sein und zusätzlich politische Idee vermitteln (**Doppelter Sinn**)
- so wie die Malerei soll auch die Dichtkunst sein
- Supernaturalismus
  - Idee eines Jenseits der Natur, Gemüt des Künstlers geht über Natur hinaus
  - Ideen liegen im Gemüt des Künstlers, nicht in äußerer Natur

<u>Tradition der Nachahmungskritik</u>
  - Alexandre-Gabriel Decamps (1803-1860) → Der Affe als Maler
  - Jean Siméon Chardin (1699-1779) → Affe als Maler, Affe als Altertumsforscher
  - ➢ Bereits im Sturm und Drang steht der Künstler und nicht das Kunstwerk im Mittelpunkt

<u>Malerei und Volksleben: Léopold Robert (1794-1835)</u>
  - Das Ende der Historienmalerei
    - Heilige Historie

- Profane Zeitgeschichte
- Heidnische Götterfabel
→ damit verdiente man am meisten Geld

- Das Aufkommen der Genre-Malerei
  - Das „gewöhnliche Leben"
  - „Volksleben"
  - „Zivilisation"

Beispiel:
- Die Schnitter (1830)
- Paul Delaroche (1797 – 1856
- Oliver Cromwell am geöffneten Sarg Karls I. (1831) → brisanter, historischer Stoff; es geht um Vergegenwärtigung und Aktualisierung
→ kritisiert Napoleons Kaiserkrönung

- Heine stellt sich Grundfragen des Verhältnisses des Künstlers zur Gesellschaft
  - Die Kunst der Zukunft – Das Ende der Kunst?
  - „das tote Scheinwesen der alten Kunst" → will weg vom Akademismus
  - Hoffnung auf neue Kunst, die ihre eigene Symbolik hat
  - Ambivalenz im Bezug auf Kunst
  - Künstler tendiert zum Mittelmaß, was Ende der Kunst bedeuten kann

- Victor Hugo: auch Ambivalenzen, mit denen er im Gedicht spielt → Heine setzt sich kritisch mit Victor Hugo auseinander
- Aufkommen neuer Presseorgane, öffentliche Meinung hat immer größeren Stellenwert (Le magasin píttoresque (seit 1833), L'Artiste (seit 1831))

Jules Janin: Être artiste: Künstler-sein als Lebensform/Kunst als Heilmittel gegen Barberei
- Kunst umfasst alle möglichen Ausdrucksformen des Lebens
- Steht fantastischer Literatur E.T.A. Hoffmanns nahe
- Tagesaktuelle Berichte auch in Zeitschrift, Erstpublikation
- Zeitschrift widmet sich Kampf gegen den Absolutismus
- Kampf gegen Abhängigkeit von Künstlers gegenüber Mäzen
- Steigerung des Lebensgenusses wichtig
- Jules Janin in Bezug auf Gesellschaft und Kunst: das Leben ist tot, wenn es nicht künstlerisch durchzogen ist; der Künstler als Lebenskünstler, Kunst als Lebenskunst, Kochen, Handwerk und Mode gehört zur Kunst
- Hedonismus

„Ludwig Börne. Eine Denkschrift" (1840)
- Auseinandersetzung, was Rolle des Künstlers in Gesellschaft betrifft

- Konträre Lebenshaltungen, beide sind Juden: Börnes Judentum: er analysiert Ausgrenzung der Juden in Deutschland; Sozialneid; im Ghetto in Frankfurt aufgewachsen; Heine assimiliert, Großbürgertum
- Börne polemisiert v.a. gegen Heines „Französische Zustände"
→ unterschiedliche Rolle der Juden und des Künstlers in Gesellschaft → Konflikt
  - Absolute Kunst und republikanische Wirklichkeit: Heine als Künstler
  - Heine durch Börne vom Republikanismus ausgeschlossen, Börne kritisiert Heines Napoleon-Verehrung

L'Europe litéraire = neue Zeitschrift
- Die Politik wird von der „Europe litteraire" völlig ausgeschlossen → Börne hasst die Zeitschrift, weil sie sich nicht zum politischen Umsturz bekennt
- Börne = authentisch, hielt sich unter deutschen Republikanern auf, ist patriotisch
- Heine = Spieler, Schauspieler, assimiliert sich, verehrt in Pariser Salons
- Der „informierte Kosmopolitismus" durch Heine → Heine möchte Aristokraten vernichten/ patriotische Engstirnigkeit → durch Kosmopolitismus: Völker einander näher bringen

Deutung
- Börne als Appetitverderber → Lieblingsessen steht für Begeisterung für alles Schöne, die Kunst usw. → nach Heine verunstaltet Börne die Schönheit durch seine Argumentation
- Kunst nur Mittel zum Zweck der Politik oder L'art pour l'art?! → Konflikt
- Heine stellt sich in die Tradition von Walther von der Vogelweide, der auch ein politischer Schriftsteller war → Börnes Vorwurfs des Indifferentismus stimmt somit nicht
- Menschen sind entweder Nazarenen (Spiritualisten) oder Hellenen (Materialisten) → Shakespeare war z.B. beides
- Man kann nicht Patriot und gleichzeitig Kosmopolit
- Hambacher Fest (1832) → steht für guten Kosmopolitismus und Wartburgfest (1817) steht für schlechten Patriotismus (die Maßmann-Satire) → Patriotismus ist das Gegenteil vom französischen Liberalismus, Weltoffenheit und Kosmopolitismus
- Unter neuem Republikanismus wird Schönheit und Genie es noch schwieriger haben als unter dem Ancien Regime
- Struktur der Träume kommt bei Heine häufig vor
- Mythologisierung durch die Nymphen

Gesellschaftsformen
- Republikanismus   „Konstitutionelle Regierungsform"
- „Naturreligion"   „positive Religion"
- „Rousseauismus („der gute Wilde")   Weltbürgertum des homme policé/civilisé

→ Freiheit/Republik

→ Barberei   → Sittlichkeit

Die Gedichtsammlung „Neue Gedichte" (1844)

Zyklischer Aufbau
- „Neuer Frühling"
- „Verschiedene" (Seaphine, Angelique, Diana, Hortense, Clarisse, Yolante und Marie, Emma, Der Tannhäuser, Schöpfungslieder, Friederike, Katharina, In der Fremde, Tragödie)
- „Romanzen"
- „Zur Ollea" [Ollea potrida, spanisches Nationalgericht]
- „Zeitgedichte"→ politische, zeitgeschichtliche Gedichte

Entstehungszeit
- 1820er bis frühe 1840er Jahre → 17 Jahre keine Gedichtsammlung nach dem „Buch der Lieder"

Deutung
- Selbstpositionierung des lyrischen Ichs, Autor spielt Rolle durch lyrisches Ich
- Verliert sich in Lust und Leid
- Verfremdungseffekt um aus Werkalltag zu flüchten → kein Eskapismus, sondern man erfährt trotzdem etwas aus der Wirklichkeit selbst
- mythologische Szenerie, die etwas über die Wirklichkeit aussagt, über die Schönheit der Wirklichkeit → **doppelte Lesart**
- Lüge macht das Leben für das lyrische Ich lebenswert, täuscht über die triste Wahrheit hinweg
- Goethe steht bei Heine für das Hellenentum
- Ehemaliger Kosmopolit wandelt sich zum deutschen Patrioten → ironische scherzhafte Anklage des Autors an den ehemaligen Goetheaner

Heines politische Geographie
- Sehnsucht nach Süden, Abscheu vor Norden → politische Geographie
- Norden steht für Hamburg, wo Heine sich nie wohlgefühlt hat
- Lyrisches Ich hier wirklich Heine
- Süden für den Orientalismus

Jahreszeitensymbolik
→ Gegensatzpaare im Gedicht (Frühling (Süden) und Winter (Norden), Liebe und Tod)

Über die französische Bühne (1837)

- Beschäftigt sich mit Theaterszene in Paris → Pariser Konzertleben in den 1830er Jahren
- Über die französische Bühne → vertraute Briefe an August Lewald
- Konzert in 1830er Jahren: hat nicht mit heutigem klassischen Konzert zu tun
- Ludwig Börne hat in seinen Briefen aus Paris ein Konzertprogramm überliefert
  - Ein Pariser Konzertprogramm im Jahr 1831 (nach Ludwig Börne)
  - Üppig, nationale Uniform des Orchesters beeindrucken ihn
  - wagt die Außenperspektive, Börne moralisiert
  - Heine spricht aus einem Miteinander, ist Zuschauer, spricht von sich selbst → subjektiver Realismus, Heine inszeniert sich ständig selbst, steht im Mittelpunkt des Geschehens; Heine war eifriger Konzert- und Theatergänger

10. Brief aus „über die französische Bühne"

- Heine setzt Liszt und Chopin kontrastiv nebeneinander
- Heine beobachtet: Liszt distanziert, am Ende wird er sarkastisch: „dieses unermüdliche Lechzen nach Licht und Gottheit" → **scheinbar objektiv, aber doch sehr subjektiv**
- Heine schildert Konzert Liszts
  - Liszts Klavierspiel löst in Heine Beängstigung aus
  - Heine fühlt sich unwohl in Atmosphäre
  - Heine wird nicht angenehm berührt
  - Musik evoziert etwas, erzeugt Phantasmagorien, Geistergestalten
  - Heine will aus Alltagswelt ausbrechen

- Heine über Chopin
  - Kosmopolitische Weltsicht Chopins, weshalb Heine sich von seiner Musik angezogen fühlt
  - Chopin verkörpert Exklusivität des Künstlertums der Zeit
  - Für Heine ist Chopin wie Napoleon auf politischer Bühne ein „überlegener Geist"
  - Aristokratische, vornehme Art Chopins = kosmopolitische Art
  - Das Werk ist Ausdruck der Persönlichkeit
  - Chopin ist „Genie", „Tondichter"
  - Übergang in Traumreich, Erscheinen von Nixen, Meergöttern, Reich der Sinneslust, des Überschwangs → Geister bei Listzt

→ beide Charakteristiken sind konträr zueinander konzipiert

→ Gegensatz zwischen Spiritualismus und Sensualismus, Geschichts-philosophischer Gegensatz

Der Doktor Faust. Ein Tanzpoem, nebst kuriosen Berichten über Teufel, Hexen und Dichtkunst (1851)

- War Auftragswerk, kam aber nie auf die Bühne
- Ist im engeren Sinne kein politischer Text, enthält technische Anweisungen
- Bewegungsbeschreibungen bilden den Kern des Buches
- Fantastisches Traumspiel
1. Akt
    - Irdische Genüsse durch Kontrakt mit Teufelin, verzichtet auf Spiritualismus
    - Verwandlung des Gelehrten in einen bunten Lebemann
2. Akt
    - Herzog und Mephistophela → lächerlich grotesk
    - Herzogin und Faust → erhabenes Liebespaar
    - Das Ballett ist wie eine Traumerscheinung
3. Akt
    - Hexen-Sabatt als Maskenball
    - Konflikt von Wahrheit und Lüge
    - Genuss löst Überdruss aus
    - Maskenball schlägt in Fratzentreiben um
    - Faust empfindet Sehnsucht nach wahrem Griechentum, Sehnsucht nach Helena → „antikes Ideal"
4. Akt
    - Eine Insel im Archipel, retardierendes Moment → Sensualismus
    - Griechische Insel
    - „die Insel ist reale-plastische Seligkeit ohne retrospektive Wehmut"
→ Genuss der Gegenwart
→ wie befreit

5. Akt
    - Faust ist zum braven Bürger geworden durch Hochzeit mit Bürgermeistertochter

- ➢ bittere Zeitdiagnose, Restauration des Christentums, das Griechentum hat es in dieser Zeit schwer
- ➢ es gibt evangelische Renaissance, dadurch wird Wiedergeburt der Antike verhindert
- ➢ Heines Grundgedanke: „Die eigentliche Idee der Faustsaga ist die Revolte der realistischen, sensualistischen.... → Dr. Faust ist eine Parabel einer vollkommenen Desillusionierung

Von der „Lutezia" zur Revolution von 1848
- Vorrede vor dem Text → erst spät Buchausgabe 1855
- Titel: Lutezia. Berichte über Politik, Kunst und Volksleben (Analyse der Zivilisation)
- Umfangreichste Sammlung von Korrespondenzartikeln, erschienen zwischen 1840 und 1843 in der „Augsburger Allgemeinen Zeitung"

- Dezember 1851: Staatsstreich in Frankreich/Paris
- Dezember 1852: Wiederherstellung des Kaiserreichs: Napoléon III. (Enkel von Napoleon Bonaparte) → Ende der konstitutionellen Monarchie
- Heine als führender Repräsentant der literarischen Elite in Paris

Deutung
- Das Talent als Außenseiter in der bürgerlichen Gesellschaft
- Misere als Leitgedanke in Heines Denken
- Hiob hadert mit Gott, warum er so viel leiden muss, hat aber keine Antwort auf die Frage → „das Hohelied der Skepsis"

- Heine in den 40er Jahren ziemlich reich → erhält Jahrespension vom französischen Staat
- Mit der Revolution 1848 wird diese Pension einbezogen und es wird erstmals bekannt, dass er eine solche bezieht → ihm wird Korruption vorgeworfen, sei bestechlich… → man hielt ihn sogar für einen Agenten, der die republikanischen Gesinnungen verrät
- Heinrich IV. von Preußen → ordnet an, Heine festzunehmen falls er nach Deutschland kommt, soll sogar ermorden worden
- Heine tritt in Bekanntschaft mit Richard Wagner bzw. umgekehrt → damals noch unbekannt → Heine leiht ihm Geld und unterstützt ihn
- Wagner entwirft den „fliegenden Holländer" → heute noch bekannte Oper
- Wagner schreibt eine Revolutionsoper → was Heine imponiert

Heine und Mathilde
- Heine heiratet Mathilde
- Kümmert sich in den letzten Jahren um Heine und hält zudringliche Gäste fern
- Juli bis Oktober 1844 → Heine reist nach Hamburg → letzte Deutschlandreise, muss aber inkognito reisen, da zu dem Zeitpunkt schon der Haftbefehl gegen ihn vorliegt
- Lähmungserscheinungen und Augenleiden verstärkt sich in dieser Zeit

Deutung
- „Geld ist der Gott unserer Zeit" → Herrschaft des Kapitals im Mittelpunkt der Lutezia
Kommunismus und Gesellschaft: Kunst als bürgerlicher Luxus?
→ Rezipienten nehmen die Güter nicht so wahr, wie sie wahrgenommen werden sollten, Zerstörungsgeist im Publikum (verarmtes Bürgertum, Arbeiterstand)
- Scheinbare Distanz → Heine scheint eine Entwicklung in Richtung Kommunismus vorzustellen, die er kritisch betrachtet, andererseits verborgene Botschaft: dass es 400000 Fäuste gibt, die Gleichheit fordern (Heines eigenes Anliegen)
- Dialektik von Sensualismus und Spiritualismus

Heines Dialektik: Sensualismus und Spiritualismus – Mittelalter und Renaissance
- Nicht wie unser heutiges Verständnis dieser Epochen
- Spiritualismus: Mittelalter
- Sensualismus: Renaissance

→ beides kann miteinander oder Gegeneinader wirken

- Vergangene Epochen werden wie im Traum durchlebt → märchenhafte Welten, die man in sich trägt
- Nach Epoche der Neugotik → Wiedergeburt/Auferstehung der Renaissance zu dieser Zeit in der Architektur (Beispiel Gebäude in München)
- Versuch einer Vermittlung zwischen Sensualismus und Spiritualismus → Beispiel: heilige Familie (Mittelalter/Spiritualismus) gemalt in antikisierendem Bild (Sensualismus) → Francesco Primaticcio

Léopold Robert „Die Schnitter" und „Die Fischer"
- Die Schnitter: Heitere Bauernszene → Harmonie von Lebenslust → kein steifer Akademismus
- Andere Seite: Die Fischer: müssen im Winter zum Fischfang trotz des furchtbare Wetters, weil sie sonst nicht überleben können → Fischen damals vor allem Winter sehr gefährlich (Stürme, Gewitter…) → nicht Heiterkeit des Lebens, sondern Erbärmlichkeit, Last und Armut der Menschen wird gezeigt

→ Verbindung mit Heines Charakteristik des Kommunismus → Heine geht es um das Wohl der Menschen, sollen kein lebenslanges Mühsal haben, jeder hat ein Recht auf Genuss
- 1848 → Heine erkranke ernsthaft und konnte das Haus nicht mehr verlassen für 8 Jahre bis zu seinem Tod → musste zum Arzt getragen werden

- Anspielung an Heines Krankheit, Figur der Flucht, Heine fühlt sich nicht zugehörig zu dieser Zeit, fühlt sich nicht mehr als Zeitgenosse → bezeichnet sich nicht mehr als Republikaner, sondern als Demokrat → Heines Diagnose: Staat geht bankrott

Vorrede zur Lutezia
- Zeit nach den revolutionären Umstürzen
- demokratisch nicht republikanisch!!! → wieder doppelte Lesart wichtig

Der Inhalt
… alle Fakta der Zeit […] gleichsam wie in einem Weltarchiv einzuregistrieren → Lutezia als Weltarchiv

Die Form: parabolisch
Meine Briefe enthalten daher viel Historietten und Arabesken, deren Symbolik nicht jedem verständlich ist, und die dem rohen Gaffer als kleinliche Anekdotenkrämerei oder gar als Commerahe erscheinen konnte.
→ doppelte Lesart, die nicht jedem verständlich ist → um Intention zu erkennen muss man Witz und Geist haben und kein dummer Gaffer sein

Gründe für den Kommunismus
1. Menschenrechte: *„daß alle Menschen das recht haben, zu essen: fiat justitia, perear mundus* → Gerechtigkeit ist das oberste Gebot, ungerechte Welt ist keine lebenswerte Welt
2. Kampf gegen Nationalismus: Heines „Haß" gegen „Nationalität", „falschen Patriotismus, Teutomanie
3. Kosmopolitismus: *aus Haß gegen die Nationalisten **könnte** ich schier die Kommunisten lieben*
→ Heine in der Rolle eines Propheten, der in die Zukunft schauen, Zukunft gehört dem Kommunismus

Heines subjektiver Realismus
-   Fotos auf Metallplatten
-   Objektivität, Realismus → aber für die Authentizität braucht man die Subjektivität des Künstlers → scheinbare Objektivität und Authentizität, die sich selbst darstellt, aber der ordnende Geist des Künstlers ist dafür nötig

Gedichte 1853/54
Zwei biblische Figuren
•   Hiob (AT): biblische Weisheitsliteratur → Hiob hadert mit Gott – Heine, das „Hohelied der Skepsis"
•   Lazarus (NT): Gleichnis vom reichen Mann und vom armen Lazarus (Lukas-Evangelium 16, 19-31)
→ sinnloses Leid der beiden Figuren, wie Heine selbst in seinen letzten Lebensjahre („Matratzengruft")

-   Beschäftigt sich mit der Frage warum gute und gerechte Menschen trotzdem immer so viel leiden müssen

Romanzero
Deutung
-   Alles Gute ist dazu verdammt, zugrunde zu gehen → Lebensrésumée → ewiger Kreislauf von Aufstieg, Fall und Untergang → am Ende steht Unvernunft, Verfall und Leid
-   Das Problem der Größe und der Schönheit des Dichtertums: Gedicht aus „Nachlass" → geht alles zugrunde
-   Heine spielt mit mythologischen Figuren, „Schattenreich", „Proserpina" (Götter der Unterwelt)
-   Hiobsche Anklage Gottes: „Oh Gott, verkürze meine Qual"

→ Heine zum Ende seines Lebens sehr pessimistisch
→ Romanzero = poetisches Testament
→ Wendung vom Okzident zum Orient? (Okzident = Pantheismus, Orient = Theismus)

<u>Die Dialektik von Sensualismus und Spiritualismus</u>
- Heines Abwendung vom Pantheismus, Hegelianismus und Saint-Simonismus → Pantheistischer Gott ist knechtisch gebunden (eingekerkert)
- scheinbare Rückkehr zu Gott Heines ist inszeniert, keine Bekenntnis zum biblischen Gott → sondern zu Gott, der frei von soziale Verhältnisse von **AUSSEN** bekehren kann → Figur eines außerweltlichen Gottes
- Abkehr von Heidengöttern, Hinwendung zum Gott des Aberglaubens (ein Gott der helfen kann)
- Betrachtet Götter der Schönheit
- Politisches Deutungsangebot: Hinwendung zu einem Gott, der einen Willen hat, Trost, den Heine bei diesem Gott findet

- Gott ist Fleischer
- Heines Küchensprache „Kraftbrühe" → Kraftbrühe ist wohltuend

<u>Heines Verhältnis zur Politik und Theologie</u>
- Er glüht immer noch für demokratische Prinzipien
- Findet sich trotz Pessimismus nicht mit der Situation ab → kritisiert die Macht des Geldes
- Keine Resignation

<u>Ende des Nachworts des „Romanzero"</u>
- Humoristisch-melancholischer Ton
Und nun, lebe wohl, und wenn ich dir etwas schuldig bin, so schicke mir Deine Rechnung

- Aufbau des Romanzero
  • Erstes Buch: Historien
  • Zweites Buch: Lamentationen, Unterzyklus, Lazarus
  • Drittes Buch: Hebräische Melodien

- Romanzero ist vor allem politisches Buch
  • Geht um Machterhalt, Volk wird geknechtet
  • Moral, die von Immoralismus lebt → in Kritik am Falschen wird auf das Richtige verwiesen

<u>Exotische Welten und ämulative Beziehungen</u>
  • Intertextuelles Spiel zwischen Heines Text „der weiße Elephant" und Bezugstext von Gautier
  • Gedicht, Symphonie en blanc majeur, erscheint zuerst 1849 in der „Revue des Deux mondes", dann in Gedichtsammlung „Émaux et Camées"
  ➢ L'art pour l'art, Ästhetizismus, es geht um Form, Stil, um Klänge, Variationen der Farbe weiß

> Heines Reaktion auf diese Art von l'Art pour l'art: Der weiße Elephant, scherzhaftes Spiel, Gedicht lebt von adversativen Strukturen, heimlich – öffentlich, Wirklichkeit-Märchen

Nachlassgedichte

Die „Söhne des Glücks" spiegelverkehrt gebautes Gedicht
- Arbeitet mit Antagonismen
- Klage, Anklage Gottes
- Melancholie
- Sarkasmus „so werd ich am Ende katholisch"
- Lebenserfahrung wird vermittelt

Autobiographisches Schreiben

- erzählender Text in Versform
- kann man überhaupt eigene Biographie schreiben oder verliert man dabei seine Authentizität → Offene Briefe an seine Mutter → sagt, dass er sehr anerkannt ist in Frankreich, viele Artikel in den Zeitschriften, voll des Lobes

„Ich verbürge nicht die Wahrheit dieser Geschichte; aber sollte sie auch unwahr sein, so bleibt sie doch gut erfunden [...]"

- Das Projekt, eigene Memoiren zu schreiben, besteht seit den 1820er Jahren

Geständnisse: Geschrieben im Winter 1854

- Wahrheit
- Fiktion
- Authentizität
- Bekenntnis
- Selbstverurteilung (Rousseau: „Jean-Jacques juge Jean-Jacques")

Heines Selbstverortung : Ende der Romantik – Anfang der « modernen deutschen Lyrik »

- Deutsche Romantik vorwiegend restaurativ, französische Romantik revolutionär
- Vor einigen Jahren hätte man Franzosen immer geistreich gefunden→ heute nicht mehr?! → lassen sich wieder von einem Kaiser regieren
- Heine findet Witz, Esprit usw. wichtig
- Ende der Romantik → Heine als letzter romantischer Dichter, aber auch erster moderner Lyriker (steht genau zwischen beiden Epochen)
- Keine Tendenzpoesie → trotz politischer Aussage steht Kunst immer für sich selbst
- Kompositwörter (aus Sturm und Drang): Mondscheintrunkenheut, NachtigallenWahnsinn

Versuch einer Selbstcharakterisierung

- Inszenierung des eigenen Lebens? → ja, eher Rollenspiel
- Geständnisse sind auch fiktionaler Text, der das eigene Ich inszeniert
- Wie soll man sich selbst charakterisieren → zu positiv oder zu negativ, beides nicht richtig
- Man soll nicht nach Authentizität streben, das geling nicht → also lieber Inszenierung
- Doppelte Lesart → Verbergen und Aufklären
- Text kann nie authentisch sein → Text und Subtext → das soll Leser von Anfang an wissen
- Selbstportrait anstatt Biographie → Ich ist ein anderes durch das Medium Bild oder Text → ist immer eine Lüge, aber bewundernswert ausgeführt durch brillanten Stil

Heines Referenztexte

- Augustinus von Hippo (354 – 430 n. Chr.): „Confessiones" (um 400) → kann aber auch mit Lopreisungen Gottes übersetzt werden, geht um die Figur der Konversion, Abkehr vom Heidentum zum Christentum
- Jean-Jacques Rousseau (1712 – 1778) : „Les Confessions » (1782) → erst nach dem Tod erschienen

« Geständnisse » als humoristische Episoden-Ordnung : Deutsches und französisches Restaurantwesen

- Aspekt der Kulinarik → kommt im vor, mit politischer Bedeutung
- Doppelte Lesart → Metaphernfeld Restaurantbesuch → dahinter politischer Aussage → Sittengeschichte der Zivilisation Deutschland/Frankreich
- Urbanität: Städtisch und auch geistreiche Sprache

Vorbilder

- Laurence Sterne: A Sentimental Journey Through France and Italy
- Lord Byron: Don Juan (unvollendetes Versepos in 16 Gesängen 1819 – 1824

- Kritisier Großkapital und Ausbeutung der Fabrikbesitzer
- Stellt sich auf Seite der Zivilisation, die er retten möchte vor dem Kommunismus
- Opfert sich einerseits für das Volk auf, scheut aber deren Händedruck
- Hässlichkeit entstand durch Absolutismus
- Möglichkeit durch Hebung des Kenntnisstandes und der Bildung ein intelligenteres Volk heranzubilden; Problem: Volk tendiert in der Geschichte oft zur falschen Seite

Heine als „Gott" in Paris: Persönliche Misere und republikanische Revolution von 1848

- Heine lehnte Revolution ab
- Gesundheit kam abhanden → Heine sehr krank, verliert durch Revolution Staatspension
- Auffassung von Demokratie → mit starker Persönlichkeit an der Spitze (heute Demokratie etwas anders)
- Moses als Künstler, der Gesellschaft als Kunst erbaut
- Bonapartistisches Modell, Napoleonismus → Moses befreit Völker
- Modell des Kosmopolitismus

Heines unvollendetes Versepos „Bimini"

- Enstehung ca. 1853
- Erstdruck postum 1869
- Bimini; Zur Gruppe der Bahamas gehörige Insel
- Wir wissen bis heute nicht, wie die Teile zusammen gehören → Heine schrieb in letzten Lebensjahren auf viele Zettel
- Alternder Seefahrer (Ponce de Leon) → hat alles, ist aber alt → will Quelle der Unsterblichkeit ausfindig machen

Poetik der Farben und Klängen (und Düften)

- Neue und alte Welt
- Dichtung selbst wird zum Narrenschiff, das einen nach Bimini bringen kann
- Gute Laune und Witz wichtig für Dichtung
- Elementargeister
- Lyrisches Ich spiegelt sich im Helden → Erzähler verschmilz fast mit lyrischem Ich

Der humoristische Stil: Häufung von Komposita
- Menscheitsretter, Weltwohltäter, Großfliegenwedelmeisterin, Oberhamakschaukeldamem Rokoko-antropophagisch, Karaibisch-Pompadadour, Haarwulstkopfputz, Papageienvogelantlitz → auch Anspielung auf französische Höflinge
→ Anlehnung an Romantik

Der Schluss? Bimini als Indel des Vergessens
- Nicht Verjüngung sondern Vergessen → in Heines Fall: der Tod
- Verjüngung kann nur die Poesie bringen → wer mehr will stirbt